www.ingramcontent.com/pod-product-compliance
Lightning Source LLC
Chambersburg PA
CBHW051309220526
45468CB00004B/1273
* 9 7 8 1 7 9 0 8 2 1 9 1 4 *